BEI GRIN MACHT SICH IHR WISSEN BEZAHLT

- Wir veröffentlichen Ihre Hausarbeit,
  Bachelor- und Masterarbeit

- Ihr eigenes eBook und Buch -
  weltweit in allen wichtigen Shops

- Verdienen Sie an jedem Verkauf

Jetzt bei www.GRIN.com hochladen
und kostenlos publizieren

Karin Peters

Analytische Arbeitsbewertung

GRIN Verlag

Bibliografische Information der Deutschen Nationalbibliothek:

Die Deutsche Bibliothek verzeichnet diese Publikation in der Deutschen National-
bibliografie; detaillierte bibliografische Daten sind im Internet über http://dnb.d-
nb.de/ abrufbar.

Impressum:

Copyright © 2005 GRIN Verlag GmbH
Druck und Bindung: Books on Demand GmbH, Norderstedt Germany
ISBN: 978-3-640-78652-7

GRIN - Your knowledge has value

Der GRIN Verlag publiziert seit 1998 wissenschaftliche Arbeiten von Studenten, Hochschullehrern und anderen Akademikern als eBook und gedrucktes Buch. Die Verlagswebsite www.grin.com ist die ideale Plattform zur Veröffentlichung von Hausarbeiten, Abschlussarbeiten, wissenschaftlichen Aufsätzen, Dissertationen und Fachbüchern.

Besuchen Sie uns im Internet:

http://www.grin.com/

http://www.facebook.com/grincom

http://www.twitter.com/grin_com

Inhaltsverzeichnis

Abbildungs- und Tabellenverzeichnis

1 Einleitung

Wie fast alles in Deutschland, wird die Pflicht zur Entlohnung von Arbeit per Gesetz geregelt. Das Bürgerliche Gesetzbuch übernimmt diese Aufgabe mit dem § 611. Demnach besteht die Hauptpflicht seitens des Arbeitgebers darin, die „vereinbarte Vergütung" zu leisten. Im Gegenzug hierzu hat der Arbeitnehmer die dafür versprochene Arbeitsleistung zu erbringen. Die Personalentlohnung steht daher im Mittelpunkt. Mit ihr sollte jedoch nicht nur die Arbeitsleistung des Arbeitnehmers vergütet werden, sie hat auch die Aufgabe, dem Arbeitnehmer als Anreiz zu dienen. In jedem Fall ist es so, dass eine empfundene Lohngerechtigkeit starken Einfluss auf das Leistungsverhalten eines Arbeitnehmers hat. Denn wie Wöhe betont, begründet sich eine effiziente Leistungserstellung in der Motivation der Mitarbeiter (vgl. Wöhe, Günther 2000, S. 254).

Aus betriebswirtschaftlicher Sicht hat der Arbeitgeber natürlich das Ziel der Gewinnmaximierung vor Augen. Dennoch lässt sich diese langfristig nur dann erreichen, wenn seine Lohnempfänger auch entsprechend zur Arbeitsbereitschaft motiviert sind. Hier sieht man deutlich, dass die beiden augenscheinlich gegnerischen Parteien, den als für beide Seiten gerecht empfundenen Lohn zum Ziel haben.

Ein Arbeitsbewertungsverfahren, das von beiden Seiten als gerecht und sinnvoll empfunden wird, könnte diesen immerwährenden Konflikt zwischen Arbeitgeberverbänden und Gewerkschaften entschärfen. Die Arbeitsbewertung stützt sich dabei auf die Bewertung der Arbeitsschwierigkeit, unabhängig von der Person, die sie ausführt (vgl. Bisani, Fritz 1995, S. 439). Also wird die geforderte Arbeitsleistung somit normiert und der Mensch, welcher die Arbeit zu erbringen hat, wird zunächst nicht betrachtet. In der Vergangenheit haben sich zwei Verfahren zur Arbeitsbewertung herausgebildet, die summarische und die analytische Arbeitsbewertung.
Dieser Konflikt zeigte sich vor allem durch die Tarifverhandlungen in der Metallbranche. Denn eine einmal vereinbarte Entlohnung muss stets den veränderten Bedingungen angepasst werden, damit sie auch weiterhin als gerecht empfunden wird und in ausreichendem Maße zur Motivation beiträgt.
Die vorliegende Hausarbeit soll nicht nur die Methoden der analytischen Arbeitsbewertung aufzeigen, sondern sie soll zur verständlicheren und vollständigeren Darstellung auch Thematiken wie Entgelt, Entgeltformen, Lohngerechtigkeit und vor allem die summarische Arbeitsbewertung beinhalten.

2 Entgeltarten und -formen sowie die Differenzierung zwischen Lohn und Gehalt

Wie im 1. Abschnitt bereits erwähnt, ist es die Pflicht des Arbeitgebers, die erbrachten Dienste des Arbeitnehmers vereinbarungsgemäß zu entlohnen. Die Entlohnung kann als Naturallohn oder monetär, also durch Geld, erfolgen. Heutzutage ist zumindest in Deutschland die monetäre Entlohnung der Normalfall. Dennoch lässt sich nicht nur die geldliche Arbeitgeberleistung als Entgelt definieren. Auch die Überlassung von Werkswohnungen oder Dienstwagen sind als geldwerter Vorteil dem Begriff Entgelt unterzuordnen. Mit der Personalentlohnung soll jedoch nicht nur die Arbeitsleistung vergütet werden, sie hat außerdem auch die Aufgabe, dem Arbeitnehmer als Anreiz zu dienen (vgl. Olfert, Klaus/Steinbuch, Pitter A. 2001, S. 323).

Die geldlichen und geldwerten Leistungen des Arbeitsgebers können die Motivation des Arbeitnehmers zur optimalen Arbeitsleistung steigern und sind daher bei der gerechten Lohnfindung von großer Bedeutung.

Bezüglich des Entgelts sind verschiedene Entgeltarten und die daraus resultierenden Entgeltformen zu unterscheiden. Oechsler beispielsweise fasst unter dem Begriff Entgeltarten das Entgelt für geleistete Arbeit, den Soziallohn (hier wird Alter, Familienstand und Kinderzahl des Arbeitnehmers berücksichtigt) und die Mitarbeiterbeteiligung zusammen (vgl. Oechsler, Walter 2000, S. 430).

Angesichts des Themas dieser Hausarbeit soll das Hauptaugenmerk auf das Entgelt für geleistete Arbeit gelegt werden. Aus dieser Entgeltart erwachsen vordergründig drei Entgeltformen, nämlich der Lohn für Arbeiter, das Gehalt für Angestellte und die Besoldung für Beamte.

Eigentlich müssten die Begriffspaare Lohn für Arbeiter und Gehalt für Angestellte getrennt von einander betrachtet und erklärt werden. Denn historisch gesehen wurde zwischen diesen beiden Entgeltformen sehr genau unterschieden. So waren die Arbeiter diejenigen, die hauptsächlich körperliche Arbeit, wie sie beispielsweise der Maurer im Baugewerbe, der Maler oder der Metallarbeiter, verrichten und die Angestellten haben demgegenüber hauptsächlich geistige Leistungen erbringen müssen, wie zum Beispiel Angestellte in den Abteilungen Verwaltung oder Rechnungswesen eines Unternehmens.

Eine solche Trennung ist heutzutage in vielen Fällen kaum noch möglich, da im Zuge des technologischen Fortschritts und gesellschaftlichen Wandels auch die Arbeiter zunehmend geistige Arbeitsanforderungen erfüllen müssen und somit diese einstmals strikt zu trennenden Entgeltbereiche zunehmend miteinander verschmelzen.

Die chemische Industrie spricht deshalb in ihren Tarifverträgen nur noch von Arbeitnehmern, deren Entgelt nach einem einheitlichen Verfahren ermittelt wird. An dieser Stelle sei auch noch mal darauf hingewiesen, dass das Bundesverfassungsgericht in mehreren Entscheidungen die Gleichbehandlung dieser beiden Arbeiternehmergruppen festgelegt hat (vgl. Holtbrügge, Dirk 2004, S. 35).

3 Entgeltgerechtigkeit und die motivationalen Wirkungen des Entgelts

Ziel jeder Entgeltpolitik sollte sein, ein Höchstmaß an Entgeltzufriedenheit zu erreichen. Eine absolute Zufriedenheit, die auf Erreichung eines möglichst hohen Entgelts beruht, kann vom Unternehmen oft aus betriebswirtschaftlichen Gründen nicht erfüllt werden. Somit rückt die Optimierung der relativen Entgeltzufriedenheit in den Mittelpunkt, in der eine gerechte Bezahlung im Vergleich zu den Mitarbeitern gleicher oder ähnlicher Qualifikation, Leistung und Anforderungen des Arbeitsplatzes angestrebt wird, um dadurch einen Leistungsanreiz zu schaffen (vgl. Stopp, Udo 2002, S. 236).

Von wesentlicher Bedeutung ist an dieser Stelle der gesellschaftliche Wertewandel. War zum Beispiel zu Beginn des 20. Jahrhunderts das Streben des einfachen Arbeiters darin begründet, seiner Familie ein Dach über dem Kopf, Kleidung und die notwenige Nahrung zu bieten, so ist dies in der Gegenwart als oberstes Ziel undenkbar. Noch zu Beginn des Nationalsozialismus war der Volkswagen für jede deutsche Familie ein Anreizfaktor, mit dem damals einschneidende Veränderungen in der Bevölkerung und der Gesellschaft erzielt werden konnten. Heute jedoch ist ein Zweit- oder sogar Drittwagen, ein Eigenheim, hochwertige und anspruchsvolle Heimkinosysteme und natürlich auch die Designer- und Markenkleidung für die Kinder ganz oben auf der Liste. Um es zusammenfassend zu sagen, die Grundwerte des Daseins degenerieren zu Sekundärzielen und Konsum und Prestige werden zu Primärzielen.

Auch Oechsler weist auf diesen Wertewandel hin und nimmt zum Beispiel die von Herzberg entwickelte „Zwei-Faktoren-Theorie" zum Anlass, um auf diesen gesellschaftlichen Wertewandel hinzuweisen (vgl. Oechsler, Walter 2000, S. 431). Dabei wird davon ausgegangen, dass durch die gesellschaftlichen Veränderungen, zusätzlich zu den Zielen nach Konsum und Prestige, auch Werte wie Selbstverwirklichung und Identifikation mit der Arbeit zunehmend an Bedeutung gewinnen.
Um diese Werte zu erreichen, genügt das Entgelt, nach Oechslers Auffassung nicht mehr, denn es kann lediglich dazu dienen, dass der Arbeitnehmer mit seiner Arbeit nicht unzufrieden ist.

Um Motivation darüber hinaus zu erreichen, bedarf es nun zusätzlicher Anreize, die auch dazu in der Lage sind, die zuletzt genannten Werte für den Arbeitnehmer zu erreichen. Dafür kommen beispielsweise die im 2. Abschnitt bereits erwähnten, nicht mittelbar monetären, Arbeitgeberleistungen in Frage. Denn neue Bestandteile des Entgelts wie Firmenwagen, Werkswohnungen, Altersversorgung sowie Urlaubs- und Weihnachtsgeld sprechen die Motivation des Arbeitnehmers stärker an. Dies hat zur Folge, dass das Entgelt einen ausreichenden Anreiz zur Arbeitsbereitschaft bietet.

Auch Jung macht deutlich, dass die oberste Priorität bei der Arbeitslohngestaltung die Lohngerechtigkeit ist (vgl. Jung, Hans 2003, S. 555). Er bezieht sich dabei auf Erich Kosiol, der bereits 1962 in seiner „Theorie der Lohnstruktur" den „Grundsatz der Äquivalenz von Lohn und Leistung" formuliert hat. Das Äquivalenzprinzip beinhaltet die Forderung, dass die Lohnhöhe den Anforderungen und dem Leistungsgrad entsprechen soll. Demnach erachtet der Arbeitnehmer seinen Lohn dann als gerecht, wenn bei der Lohngestaltung folgende fünf Punkte beachtet werden (vgl. Elšik, Wolfgang/ Nachbagauer, Andreas 2002, S. 527):

1. **Anforderungsgerechtigkeit:**
   Ein anforderungsgerechter Lohn ist dann gegeben, wenn verschieden schwierige Tätigkeiten auch unterschiedlich entlohnt werden.

2. **Leistungsgerechtigkeit:**
   Der Lohn muss der Leistung des einzelnen Arbeitnehmers entsprechen.

3. **Sozialgerechtigkeit:**
   Soziale Faktoren müssen berücksichtigt werden, beispielsweise Lebensalter, Familienstand, Kinderzahl.

4. **Marktgerechtigkeit:**
   Diese orientiert sich an den Gegebenheiten des Arbeitsmarktes, die insbesondere regional und konjunkturell unterschiedlich sein können.

5. **Qualifikationsgerechtigkeit:**
   Der Lohn muss der persönlichen Qualifikation des einzelnen Mitarbeiters Rechnung tragen.

Wenn nun zu Grunde gelegt wird, dass das oberste Unternehmerziel in der Gewinnmaximierung liegt, dieses Ziel jedoch langfristig nur durch uneingeschränkte Leistungsbereitschaft der Mitarbeiter erreicht werden kann (vgl. Wöhe, Günther 2000, S, 254), erklärt dieser Sachverhalt die im ersten Abschnitt gemachte Behauptung, dass sowohl Arbeitgeber als auch Arbeitnehmer ein berechtigtes und ehrliches Interesse an dem gerechten Lohn haben.

Denn der Arbeitgeber will seine Mitarbeiter ausreichend motivieren und der Arbeitnehmer will seine Ziele und Wünsche erreichen und verwirklichen.

Somit bleibt die Frage zu klären, wie die Arbeitsbewertung vor diesem Hintergrund für beide Seiten gerecht und sinnvoll durchgeführt wird.

4   Der Ablauf der Arbeitsbewertung

Dieser Abschnitt beruht weitestgehend auf den Ausführungen von Ernst Zander in seinem Handbuch der Gehaltsfestsetzung (Zander, Ernst 1990, S. 46).

Zunächst muss an dieser Stelle festgestellt werden, dass der Begriff Arbeitsbewertung weitgehend sowohl die Quantität der Arbeit als auch die Qualität des Arbeitnehmers, der diese verrichtet, erfassen und bewerten kann. Somit könnte die Arbeitsbewertung auch Lohnformen wie Akkord- und Prämienlohn beinhalten (vgl. Scholz, Christian 2000, S. 557).

Für die Entgeltfindung als Grund- oder Ecklohn jedoch ist nur der Aspekt der Arbeitsbewertung von Bedeutung, welcher den einzelnen Arbeitsplatz mit seinen unterschiedlichen Schwierigkeitsgraden bewertet (vgl. Olfert, Klaus/Steinbuch, Pitter A. 2001, S. 333) und somit die verschiedenen Arbeitsplätze eines Unternehmens transparent zueinander zu klassifizieren vermag.
Denn dadurch wird der Maßstab an einen Arbeitsplatz definiert, der von einem normalen Arbeitnehmer erreicht und im Hinblick auf die eben erwähnten Akkord- oder Prämienlöhne, möglichst auch überschritten werden muss. Aus diesem Grund wird oft auch der Begriff Arbeitsplatzbewertung gebraucht.
Dies macht abschließend nochmals deutlich, dass, wie schon in der Einleitung kurz angesprochen, niemals die Person sondern immer nur der Arbeitsplatz bewertet wird.

Das Motiv für eine Arbeitsbewertung als Grundlage zur Entgeltfindung liegt in dem Bedürfnis, Löhne und Gehälter für alle Beteiligten gerecht festzulegen. In der Praxis hat es sich deshalb bewährt, bei der Arbeitsbewertung die potenziellen Konfliktparteien, Arbeitgeber- und Arbeitnehmerverbände, in einem gemeinsamen Gremium zusammenzufassen, um somit zu einer gemeinsamen Bewertung zu gelangen. Dadurch kann nicht nur der Unternehmer, sondern auch der Arbeitnehmer den gezahlten Lohn als gerecht empfinden, ist er doch von seinen Vertretern mit gestaltet worden. In den Tarifverträgen fließt das Ergebnis dieser Arbeitsplatzbewertung als Grundlohn einer Gehaltsgruppe ein. Verdeutlicht wird der Begriff Gehaltsgruppe durch den folgenden Auszug aus einem Manteltarifvertrag für Angestellte:

Gruppe III

Tätigkeitsmerkmale:

Tätigkeiten schwieriger Art, die nach allgemeinen Anweisungen in beachtlichem Umfang selbständig ausgeführt werden.
Sie erfordern Kenntnisse, wie sie i.d.R. durch eine einschlägige mehr als zweijährige Berufsausbildung mit Abschluß erworben werden, oder gleichwertige auf andere Weise erworbene Kenntnisse.

Abbildung 1: Auszug aus einem Manteltarifvertrag für Angestellte.

Quelle: Oechsler, Walter 2000, S. 446.

4.1 Das Genfer Schema

Bei der Arbeitsbewertung wird von bestimmten Anforderungen ausgegangen, die ein einzelner Arbeitsplatz an die verrichtende Person stellt.
Aus Gründen der ökonomischen Effizienz müssen diese Bewertungsanforderungen übersichtlich und einfach verständlich sein. Deshalb wurde 1950 von Brammersfeld (Deutschland), Dor (Belgien) und Lorenz (BASF) ein Schema entwickelt, dass nach der Stadt, in der sie konferierten, als das „Genfer Schema" benannt wurde. Im Abschnitt 6 wird noch zu verdeutlichen sein, dass vor allem die analytische Arbeitsbewertung mit dem Genfer Schema arbeitet. Das Genfer Schema ist die bislang gebräuchlichste Anforderungskombination und findet somit nach wie vor die größte Anwendung.

Das Genfer Schema enthält vier Hauptanforderungsarten:

1. Können

2. Belastung

3. Verantwortung

4. Arbeitsbedingungen

Die Anforderungsarten Können und Belastung werden in geistige und körperliche Anforderungen aufgeteilt, so dass sechs Anforderungsarten entstehen (vgl. Jung, Hans 2003, S. 565). Aufgrund der unklaren Trennung zwischen den geistigen und körperlichen Anforderungen unterscheidet Jung deshalb die Begriffe

⇒ „vorwiegend muskelmäßiges Können" bzw.
⇒ „vorwiegend nicht muskelmäßiges Können".

Dieses erweiterte Genfer Schema ist in der folgenden Abbildung dargestellt:

	Können	Belastung
Geistige Anforderungen	- Fachkenntnisse - Berufserfahrung - Befähigung, fachlich zu denken und zu urteilen	- Nachdenken - Aufmerksamkeit - angestrengtes Beobachten
Körperliche Anforderungen	- Geschicklichkeit - Handfertigkeit	- Überwindung von Arbeitswiderständen (dynamische Belastung der Muskeln) - Arbeitshaltung (statische Belastung der Muskeln)
Verantwortung		- Verantwortungsbewusstes Arbeiten, um persönliche und sachliche Schäden zu vermeiden
Arbeitsbedingungen		- Anforderungen, die den Organismus zusätzlich belasten und denen er passiv entspricht (Temperatur, Nässe, Lärm etc.)

Tabelle 1: Anforderungsgruppen nach dem Genfer Schema.
Eigene Darstellung in Anlehnung an Jung, Hans 2003, S. 566.

Auf die Anforderungsarten wird im Abschnitt 6.1 genauer eingegangen.

Dieses erweiterte Genfer Schema wird in der Literatur auch als REFA–System bezeichnet. Unter REFA ist der Verband für Arbeitsstudien und Betriebsorganisationen zu verstehen, der 1924 als Reichsausschuss für Arbeitszeitermittlung (kurz: REFA) gegründet wurde (vgl. Bertelsmann Universal Lexikon 1993, S. 739). Dieser eingetragene Verein hat das Ziel, methodisches Wissen über das Arbeitsstudium, die Arbeitsgestaltung sowie die Planung und Steuerung von Betrieben zu entwickeln und zu publizieren (vgl. Weber, Wolfgang/Mayrhofer, Wolfgang/Nienhüser, Werner 1997, S. 254).

Damit das System nicht verkompliziert wird, sollte die Zahl der Anforderungsarten auf die typischen und wichtigsten beschränkt werden. Damit jedoch möglichst alle Arbeitsschwierigkeiten erfasst werden können, bedarf es einer großen Menge von Anforderungsarten. Eine optimale Anzahl an Anforderungsarten gibt es nicht. Bei zu wenig Anforderungsarten besteht die Gefahr, dass spezielle Anforderungen nicht erkannt und erfasst werden können und somit kann es zu ungerechter Beurteilung kommen.

Zu beachten ist jedoch, dass zu viele Anforderungsarten zu begriffsinhaltlichen Überschneidungen und dadurch zur Doppelbewertung führen können. Grundsätzlich kann man sagen, dass zu viele Anforderungsarten das System stark verkomplizieren und auch einen hohen Arbeits- und Zeitaufwand in Anspruch nehmen.

4.2 Die Stellenbeschreibung als Grundlage für den Entgeltfindungsprozess

Die Basis für die Arbeitsplatzbewertung ist im Allgemeinen die Stellenbeschreibung, in der die Anforderungsarten in individuell bewerteter Form aufgelistet sind (vgl. Oechsler, Walter 2000, S. 433). Im öffentlichen Dienst wird anstatt des Begriffes Stellenbeschreibung der Begriff Dienstpostenbeschreibung verwendet. Hier sind die einzelnen Kriterien konkret aufgelistet, die an den Stellen- oder Dienstposteninhaber als Anforderungen gestellt werden. Somit ist die Stellenbeschreibung letztendlich auch die Grundlage für das Grundentgelt. Aber auch die Zulagen, die individuell geleistet werden können, resultieren letztendlich aus der Stellenbeschreibung. Denn wenn der Arbeitnehmer die Anforderungen der Stellenbeschreibung nicht nur erfüllt, sondern sogar überschreitet, kann ihm als Leistungsbewertung eine Zulage wie Akkord- oder Prämienlohn gewährt werden. Dies unterstreicht die Bedeutung und Tragweite der Stellenbeschreibung im Hinblick auf die Entgeltfindung. Stellenbeschreibungen sollten daher methodisch korrekt erstellt werden. Oechsler beschreibt die Systematik der Entgeltfindung daher in dem folgenden Schaubild einfach und anschaulich:

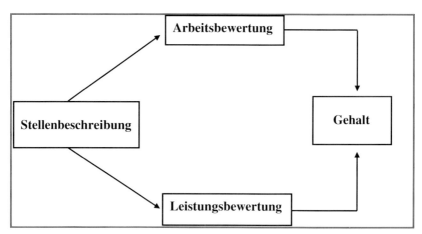

Abbildung 2: Systematik der Entgeltfindung.
Quelle: Oechsler, Walter 2000, S. 433.

5 Die summarische Arbeitsbewertung

Für die summarische Methode der Arbeitsbewertung ist es charakteristisch, dass auf eine systematische Analyse der einzelnen Anforderungsarten innerhalb einer Arbeitsstelle verzichtet wird. Bei diesem Verfahren werden die Anforderungen eines Arbeitsplatzes an den Menschen als Ganzes erfasst und global beurteilt (vgl. Krell, Gertraude 1998, S. 287). In der Regel gibt es ein dominantes Kriterium, welches ausschlaggebend ist. Zum Zwecke der Lohndifferenzierung wird das Ergebnis meist in Form der Eingruppierung in eine Lohngruppe ausgewiesen (vgl. Holtbrügge, Dirk 2004, S. 148).

In der summarischen Arbeitsbewertung finden zwei Verfahren Anwendung. Diese sind zum einen das Rangfolge- und zum anderen das Katalogverfahren (Lohngruppenverfahren).

5.1 Das Rangfolgeverfahren

Bei der Rangfolgemethode werden alle Arbeitsplätze, die in einem Betrieb vorkommen, verglichen und in eine Rangfolge gebracht, deren Bewertungskriterium der Schwierigkeitsgrad ist (vgl. Olfert, Klaus/Steinbuch, Pitter A. 2001, S. 335). Auf diese Weise entsteht eine Reihe, in der die einzelnen Arbeitsplätze entsprechend ihres Arbeitsplatzwertes aufgelistet werden. Den Anfang beziehungsweise das Ende dieser Reihe bilden dabei die Arbeitsplätze mit der höchsten bzw. der niedrigsten Wertigkeit. Allerdings sagt die Rangreihe nichts über die Abstände zwischen den einzelnen Positionen und das Maß ihrer Differenzierung aus. Jedem dieser Rangplätze wird dann auch der dazugehörige Grundlohn zugeordnet.
Die Grundlage für diese Arbeitsplatzbewertung bildet, wenn vorhanden, die schon im Abschnitt 4.2 angesprochene Stellenbeschreibung.
In kleineren Betrieben ist dieses Verfahren sehr einfach durchzuführen, denn es ist mit wenig Aufwand und Kosten verbunden. Doch mit einer steigenden Anzahl der Stellen findet diese Methode ihre Grenzen. Denn die Bildung von Rängen wird zunehmend schwieriger und unübersichtlicher je größer der Betrieb wird, beziehungsweise je mehr Arbeitsplätze bewertet werden müssen (vgl. Oechsler, Walter 2000, S. 445).

Neben der Tatsache, dass dieses Verfahren nur wenig transparent ist und der Arbeitnehmer darin keine nachvollziehbaren Aussagen über die unterschiedlichen Schwierigkeitsgrade finden kann, stößt die Rangfolgemethode vor allem deshalb auf wenig Akzeptanz, weil die Bewertung der Arbeit oftmals subjektiven Ursprungs ist und somit in Konfliktsituationen dem Bewerter, der i.d.R. der Arbeitgeberseite angehört, Machtausübung unterstellt werden kann (vgl. Hopfenbeck, Waldemar 2000, S. 424).

Einen bedeutsamen Nachteil sehe ich auch darin, dass die Rangfolge, die sich dabei ergibt, die in den Köpfen der Bewerter vorhandenen Vorstellungen über den Wert einer Tätigkeit widerspiegelt. Zwar wird bei dieser Bewertung personenunabhängig verfahren, dennoch werden, wahrscheinlich unbewusst, bestimmte Arbeiten geschlechtstypisch zugeordnet, so dass dies dazu führt, dass bestimmte „Frauenarbeiten" weit unten in der Rangfolge einrangiert werden.

5.2   Das Katalog- bzw. Lohngruppenverfahren

Mit dieser zweiten Methode der Arbeitsbewertung wurde der Versuch unternommen, die eben erwähnten Mängel auszugleichen.

Das Katalogverfahren basiert auf dem Prinzip der Stufung, d. h. es werden Lohngruppen definiert, in denen die einzelnen Arbeitsstellen eingeordnet werden (vgl. Jung, Hans 2003, S. 559). Als Abstufungskriterium werden dabei die unterschiedlichen Schwierigkeitsgrade der einzelnen Arbeitsplätze genutzt. Auf diese Weise wird jeder Arbeitsplatz einer bestimmten Lohngruppe zugeordnet. Dieses Verfahren wird in Tarifverträgen dem Rangfolgeverfahren vorgezogen, denn in der Praxis erfolgt die Definition der Lohngruppen durch die Tarifparteien.

In einem Tarifvertrag kann das Ergebnis dann, wie von Wöhe dargestellt, folgendermaßen aussehen.

Die zuständigen Tarifparteien einigen sich auf beispielsweise zehn Lohngruppen. Der tarifvertraglich vereinbarte Grundlohn entspricht der Wertigkeit von 100% und gilt für Facharbeiter mit abgeschlossener Berufsausbildung. Diese Lohngruppe dient für alle Übrigen als der Standard, an dem sie bemessen werden.

Daraus resultiert für die Lohngruppe 1, als vom Wert her niedrigste Stufe, dass ihr Arbeitswert mit beispielsweise 85% des Grund- oder Ecklohns errechnet wird. Die Lohngruppe 1 wird dabei dadurch definiert, dass die darin eingegliederten Arbeiten nach kurzfristiger Einweisungszeit oder Unterweisung ausgeführt werden können. Beispielsweise durch ungelernte Hilfsarbeiter.

Die Lohngruppe 10 könnte durch hochwertige Facharbeiten, die überragendes Können und völlige Selbständigkeit voraussetzen, definiert sein.

Als Beispiel kann hier ein Facharbeiter dienen, der sich durch langjährige Betriebszugehörigkeit und dadurch erworbene Berufspraxis oder die notwendigen Fortbildungsmaßnahmen qualifiziert hat. Gemessen an dem vereinbarten Ecklohn könnte in diesem Fall der Arbeitswert mit 133% des Grundlohnes errechnet werden. Alle übrigen Lohngruppen liegen somit zwischen 85% und 133% des Ecklohnes (vgl. Wöhe, Günther 2000, S. 257).

Auch das Lohngruppenverfahren ist, wie das Rangfolgeverfahren, vergleichsweise einfach in der Anwendung und deshalb relativ kostengünstig.

Der Nachteil liegt jedoch darin, dass eine genaue Beschreibung und Einordnung aller in einem Betrieb vorhandenen Tätigkeiten schwierig ist, und dass bei gleichen Tätigkeiten in verschiedenen Betrieben individuelle Arbeitsbedingungen kaum berücksichtigt werden, vor allem wenn der Lohngruppenkatalog überbetrieblich verwendet wird.

5.3 Die Probleme und Grenzen der summarischen Arbeitsbewertung

Schon im Abschnitte 5.1 und 5.2 sind die Kritikpunkte an dem Rangfolgeverfahren angesprochen worden. Das Katalogverfahren sollte diese Problematik kompensieren, was diesem jedoch nur teilweise gelungen ist. Denn es ist durch die zweite summarische Methode zwar möglich auch größere Betriebe zu erfassen, aber die Akzeptanz wird sicherlich nach wie vor nicht erreicht.

Oder mit den Worten von Ernst Zander ausgedrückt: „Auch beim Katalogverfahren konnte den betroffenen Arbeitnehmern die Richtigkeit der Bewertung nicht nachgewiesen werden" (Zander, Ernst 1990, S. 48).

Das liegt daran, dass noch immer keine ausreichende Transparenz für den einzelnen Arbeitnehmer gegeben ist. Denn es bleibt fraglich, inwieweit die einzelnen Schwierigkeitsgrade einer Arbeitsstelle durch ein paar beschreibende Zeilen exakt und sinnvoll definiert werden können.

Zumal oftmals nur die dominanten Schwierigkeitsmerkmale erfasst werden und somit einzelne, wenn auch kleinere, unberücksichtigt bleiben. Selbst dann, wenn die Summe dieser einzelnen, nicht berücksichtigten Merkmale einen nicht geringen Prozentteil der Gesamtbelastung eines Arbeitsplatzes einnimmt.

Da das oberste Ziel der Arbeitsbewertung der als gerecht empfundene Lohn ist, kann die summarische Arbeitsbewertung dieses Ziel nur bedingt erfüllen. Denn eine Arbeitsbewertung und somit auch die daraus resultierende Einstufung in eine Lohngruppe muss für den Arbeitnehmer nachvollziehbar sein, damit er sich gerecht bewertet fühlen und somit auch zur Arbeitsleistung motiviert werden kann (vgl. Abschnitt 3). Dies mag in kleineren Betrieben mit vielleicht zehn bis fünfzehn Mitarbeitern noch gelingen, in größeren Unternehmen jedoch ist dies zumindest fraglich.

Warum die summarische Arbeitsbewertung jedoch trotzdem in der Praxis Anwendung findet, ist durch die einfache und kostengünstige Anwendbarkeit begründet.

6 Die analytische Arbeitsbewertung

Der Einsatz von analytischen Arbeitsbewertungsverfahren erlaubt eine genauere Bewertung der einzelnen Anforderungen eines Arbeitsplatzes. Idealtypisch wäre jetzt natürlich, wenn alle Arbeitsschwierigkeiten, die bei einer Arbeitsstelle auftreten, betrachtet und bewertet würden. Dies ist aber nicht immer durchzuführen. Aber im Gegensatz zur summarischen Arbeitsbewertung wird hierbei zumindest die überwiegende Mehrzahl von Anforderungen begutachtet.
Die so ermittelten Anforderungswerte werden zu einem Gesamtarbeitswert addiert (vgl. Holtbrügge, Dirk 2004, S. 148).
Das Grundentgelt eines jeden Mitarbeiters bezieht sich somit auf die Gesamtheit aller Teilarbeitswerte. Dies geschieht, indem der Geldfaktor (der Entgeltbetrag pro Arbeitswertpunkt) als Multiplikator zum ermittelten Arbeitswert genutzt wird.

Für die analytische Arbeitsbewertung sind vordergründig drei Schritte zu beachten (vgl. Bisani, Fritz 1995, S. 441).

1. Es muss entschieden werden, nach welchen Anforderungsarten bewertet werden soll.

2. Die einzelnen Anforderungen müssen gewichtet werden.

3. Die tatsächliche Beanspruchung am Arbeitsplatz muss ermittelt werden.

Für den letzten Schritt stehen zwei Methoden zur Auswahl. Zum einen das Rangreihen- und zum andern das Stufenwertzahlverfahren.

6.1 Die Anforderungsarten

Wie bereits im Abschnitt 4.1 erwähnt wurde, findet hierfür das Genfer Schema weite Verbreitung in Deutschland. Je nach Unternehmen, Branche oder Region müssen jetzt die sechs Anforderungsarten, auf den jeweiligen Arbeitsplatz bezogen, inhaltlich beschrieben werden.

Dies kann anhand des Genfer-Schemas folgendermaßen geschehen.
Der Grad der Kenntnisse beruht auf der geforderten Ausbildung und die notwendige Erfahrung am Arbeitsplatz. Die Geschicklichkeit drückt die benötigte Handfertigkeit und Körpergewandtheit aus und beruht dabei beispielsweise auf Veranlagung, Übung und Anpassung. Verantwortung bezieht sich wiederum auf den Einsatz von Betriebsmitteln und die Gewährleistung von Sicherheit rund um den Arbeitsplatz sowohl für sich als auch für andere Mitarbeiter.

Unter geistiger Belastung wird die Denkfähigkeit und Aufmerksamkeit verstanden. Die muskelmäßige Belastung hingegen drückt die auf Kraft beruhende, statische oder einseitige Muskelarbeit aus. Umgebungseinflüsse (Arbeitsbedingungen) berücksichtigen die Belastungen wie Temperatur, Klima, Schmutz, Beleuchtung, Lärm, Unfallgefahren etc. (vgl. Hopfenbeck, Waldemar 2000, S. 420).

Das Wesen der Analyse des Arbeitsplatzes besteht also, wie zu Beginn des 6. Abschnittes verdeutlicht wurde, darin, den Arbeitsplatz in seine Teilanforderungen zu gliedern und getrennt zu bewerten. Dafür ist ein Anforderungskatalog wie das Genfer Schema unumgänglich.
Dies verdeutlicht, dass das Genfer Schema, in seiner ursprünglichen oder einer erweiterten Form, die Basis für die analytische Arbeitsbewertung darstellt.

6.2 Die Gewichtung

Nachdem der Anforderungskatalog festgelegt wurde, muss nun der prozentuale Anteil an der Erfüllung der Gesamtaufgabe bestimmt werden. Diesen Prozess bezeichnet man als Gewichtung. Schanz verdeutlicht dies an dem metallindustrieellen Bereich. Danach könnten die vier Hauptmerkmale (nach dem Genfer Schema) folgendermaßen gewichtet werden.

Anforderung	Gewichtung
1. Können	20 %
2. Belastung	25 %
3. Verantwortung	25 %
4. Umgebungseinflüsse	30 %
	100 %

Tabelle 2: Systematik der Entgeltfindung.
Quelle: Schanz, Günther 1993, S. 489.

Natürlich wird die Gewichtung in den verschiedenen Branchen unterschiedlich gehandhabt. Darauf weisen sowohl Schanz als auch Oechsler, Hopfenbeck und Zander ausdrücklich hin.

Generell ist es nicht möglich, eine wissenschaftliche Methode für einen zweckmäßigen Gewichtungsschlüssel zu nutzen. Denn die Anforderungen sind branchenweit zu verschieden.
Selbst verschiedene Betriebe einer Branche sind aufgrund der jeweiligen Standortfaktoren nur schwer durch einen einheitlichen Gewichtungsschlüssel zu bewerten.

Heute lässt sich eine Tendenz erkennen, und zwar dass das Merkmal körperliche Belastung zunehmend an Bedeutung verliert. Diese Entwicklung ist durch den technischen Fortschritt zu erklären.
Geistige Belastung und Verantwortung hingegen gewinnen dadurch zwangsläufig mehr an Bedeutung.

Erwähnt werden muss an dieser Stelle auch, dass sowohl die Auswahl der verschiedenen Anforderungsarten als auch ihre Gewichtung in der Regel durch die Tarifparteien ausgehandelt werden. Es kommt jedoch auch vor, dass sich die Arbeitnehmervertreter, auf eigenen Wunsch, nicht an einem solchen Bewertungsausschuss beteiligen. Ihnen wird dann meistens ein Vetorecht eingeräumt. Dadurch kann der Betriebsrat die Kritik seiner Mitglieder an dem Gremium und den entsprechenden Resultaten später besser vertreten, als wenn er selbst an dem Zustandekommen beteiligt gewesen wäre (vgl. Schanz, Günther 1993, S. 490).

6.3 Das Rangreihenverfahren

Der dritte Schritt, nämlich die Ermittlung der tatsächlichen Beanspruchung am Arbeitsplatz, wird nun im Betrieb selbst vorgenommen. Dabei kann das zur Anwendung kommende Verfahren jedoch tarifvertraglich vorgeschrieben sein.

Das Rangreihenverfahren ist ähnlich aufgebaut wie das Rangfolgeverfahren der summarischen Arbeitsbewertung. Nur wird jetzt nicht der Arbeitsplatz als Ganzes betrachtet, sondern die bereits erwähnten einzelnen Anforderungsarten des Arbeitsplatzes werden entsprechend ihres Schwierigkeitsgrades durch Vergleich in eine Rangordnung gebracht.

Die Pole dieser Reihe werden dabei zum einen durch den Arbeitsplatz mit der höchsten Anforderung und zum anderen durch den mit der niedrigsten Anforderung gebildet. Die Position einer Arbeitsstelle innerhalb dieser Reihe dokumentiert den Anteil dieses Merkmals an der Gesamtanforderung des Arbeitsplatzes und wird durch den festgelegten Gewichtungsfaktor ausgedrückt (vgl. Jung, Hans 2003, S. 569).

Schließlich werden die so ermittelten Anforderungswerte zu dem Gesamt-arbeitswert addiert und mit dem Geldfaktor multipliziert, um den Grundlohn des Arbeitnehmers zu begründen.
Für einen beliebigen Arbeitsplatz seien sowohl die Rangplätze als auch die Gewichtungsfaktoren, wie in der nachfolgenden Abbildung gezeigt, ange-nommen, um das Verfahren des Rangierens daran zu verdeutlichen.

Anforderungsart	Rangplatz-Nr.	Gewichtungs-faktor	Anforderungswert
Kenntnisse	35	1,0	35
Geschicklichkeit	35	0,5	17,5
Verantwortung	60	0,8	48
Geistige Belastung	65	0,8	52
Muskelmäßige Belastung	45	0,4	18
Umgebungseinflüsse	35	0,6	21
			191,5

Tabelle 3: Rangreihenverfahren mit Gewichtung.
Quelle: Jung, Hans 2003, S. 570.

6.4 Das Stufenwertzahlverfahren

Das Stufenwertzahlverfahren basiert, wie es der Name schon verdeutlicht, ebenso wie das Katalogverfahren der summarischen Arbeitsbewertung auf dem Prinzip der Stufung. Die einzelnen Teilanforderungen werden in Bewertungsstufen unterteilt, denen wiederum Stufenwerte zugeordnet werden. Oechsler macht dies durch folgendes Schaubild deutlich.

Anforderungsart	Bewertungsstufe	Wertzahl
	äußerst gering	*0*
	gering	*2*
Fachkönnen	*mittel*	*4*
	groß	*6*
	sehr groß	*8*
	extrem groß	*10*

Tabelle 4: Stufung innerhalb des Wertzahlverfahrens.
Quelle: Oechsler, Walter 2000, S. 448.

Wird jetzt für einen Arbeitsplatz in dem Anforderungsmerkmal Fachkönnen die Bewertungsstufe gering ermittelt, so erfährt der Arbeitsplatz für dieses Anforderungsmerkmal die Wertzahl 2.
Durch Addition der Wertzahlen aller Anforderungsmerkmale erhält man letztendlich den Arbeits- bzw. den Anforderungswert. Dieser wird wiederum mit dem Geldfaktor multipliziert, um den Grundlohn des Stelleninhabers zu ermitteln (vgl. Oechsler, Walter 2000, S. 448).

Deutlich wird dies mit dem folgenden Beispiel derselben, beliebigen Arbeitsstelle, wie in der Tabelle 4. Nur sind dieses Mal die Faktoren Bewertungsstufe und Wertzahl zur Verdeutlichung frei gewählt.

Anforderungsart	Bewertungsstufe	Wertzahl
Können	*Gering*	*2*
Verantwortung	*Mittel*	*4*
Belastung	*Groß*	*6*
Arbeitsbedingung	*Sehr groß*	*8*
Gesamtarbeitswert		***20***

Tabelle 5: Stufenwertzahlverfahren mit Gewichtung.

Eigene Darstellung.

Bei einem Vergleich der beiden Methoden zur analytischen Arbeitsbewertung an Hand der beiden Tabellen wird deutlich, dass der Faktor *Geldwert* unterschiedlich berechnet sein muss, um sowohl mit dem Rangreihen- als auch mit dem Stufenwertzahlverfahren denselben Ecklohn für die selbe Arbeitsstelle zu errechnen. Somit wird der Geldfaktor auch immer Inhalt tarifvertraglicher Auseinandersetzungen sein.

7 Schlusswort: Probleme und Grenzen der analytischen Arbeitsbewertung

Die Nachteile der summarischen Arbeitsbewertung führten dazu, die einzelnen Arbeitsplätze nach ihren jeweiligen Anforderungsarten analytisch zu bewerten. Somit liegt der Vorteil der analytischen Arbeitsbewertung in seiner Transparenz dem Arbeitnehmer gegenüber. Auch das methodisch streng reglementierte Verfahren erweckt den Eindruck sehr hoher Objektivität. Es ist dennoch zu beachten, dass die Gewichtung der einzelnen Anforderungsarten den Wert eines Arbeitsplatzes bestimmt. Oft werden Kenntnisse doppelt so hoch gewichtet wie Geschicklichkeit oder die Verantwortung niedriger als Kenntnisse. Die Bewertung ist wissenschaftlich nicht begründbar, jedoch ein Ausdruck der gesellschaftlichen Wertschätzung der Anforderungsarten. Denn Kopfarbeit hat heutzutage einen noch immer höheren Stellenwert als Handarbeit (vgl. Elšik, Wolfgang / Nachbagauer, Andreas 2002, S. 539).

Dennoch können sich die Arbeitsanforderungen aufgrund der Anwendung neuer Technologien und der Schaffung immer flexiblerer Organisationsstrukturen schnell ändern. Mit jeder Anforderungsänderung müssten Stellenbeschreibungen eventuell angepasst und eine Arbeitsbewertung erneut durchgeführt werden. In der Literatur stößt man auf unterschiedliche Meinungen, ob das Verfahren der analytischen Arbeitsbewertung nun praktikabel ist oder nicht. Doch meines Erachtens ist dieses zwar pragmatisch, aber methodisch exaktes Vorgehen in Bereichen, in denen keine wissenschaftlich begründeten Aussagen gemacht werden können, nicht unbedingt als negativ anzusehen. Denn die vorhandenen Strukturen im Bereich Entgelt haben sich im Laufe der Zeit aus betrieblichen Bedingungen, den Einflüssen tariflicher Regelungen, den Arbeitsmarktbedingungen und den Wertevorstellungen herausgebildet. Sie sind daher eigentlich ein Ausdruck der Einigkeit.

Trotzdem ist die Rentabilität und Praktikabilität so eines Arbeitsbewertungsverfahrens nicht zu vernachlässigen, da diese mit erheblichem Zeit- und Kostenaufwand verbunden sind, für die auch Fachleute benötigt werden. Dennoch eignet sich dieses Verfahren dort, wo Arbeitstätigkeiten über die Zeit relativ stabil bleiben.

Aus den oben genannte Gründen haben sich in der Praxis kombinierte Verfahren der beiden Arbeitsbewertungsmethoden herausgebildet, die dann als „summalytische Arbeitsbewertungsverfahren" bezeichnet werden (vgl. Schanz, Günther 1993, S. 491).
So werden oftmals dort, wo eine analytische Arbeitsbewertung jedes einzelnen Arbeitsplatzes aus zeitökonomischen Gründen unrentabel scheint, nur Schlüsselstellen analytisch untersucht und die übrigen Stellen dort eingereiht oder eingeordnet.

Dieses Verfahren führt dann zu Lohngruppen, die das typische einer Arbeit mit den gewünschten Qualifikationsanforderungen kombiniert untersucht und bewertet (vgl. Oechsler, Walter 2000, S. 458).

Aber bei allen Arbeitsbewertungsmethoden, gleich ob summarisch, analytisch oder summalystisch, bleibt vorab die Frage zu klären, wer der geeignete, zuverlässige und von allen Beteiligten akzeptierte Bewerter sein kann. Es sollte kein Misstrauen gegenüber dem Bewerter bestehen, da es zu Widerstand gegen die Einstufungen führen kann und bereits der Anfang der Arbeitsbewertung ein enormes Konfliktpotential mit sich bringen würde, welches nachträglich alle Kosten und Aufwendungen zunichte machen kann.

Literaturverzeichnis

Bertelsmann Universal Lexikon, Gütersloh 1993.

Bisani, Fritz: Personalwesen und Personalführung, 4. vollständig überarbeitete und erweiterte Auflage, Gabler Verlag, Wiesbaden 1995.

Elšik, Wolfgang/Nachbagauer, Andreas: Entlohnung, in: Personalmanagement Führung-Organisation, hrsg. von Kasper, Helmut / Mayrhofer, Wolfgang, 3. völlig neu bearbeitete Auflage, Linde Verlag, Wien 2002.

Hopfenbeck, Waldemar: Allgemeine Betriebswirtschafts- und Managementlehre, 13. vollständig überarbeitete und erweiterte Auflage, Verlag Moderne Industrie, Landsberg am Lech 2000.

Holtbrügge, Dirk: Personalmanagement, Springer Verlag, Heidelberg 2004.

Jung, Hans: Personalwirtschaft, 5. überarbeitete und erweiterte Auflage, Oldenbourg Verlag, München 2003.

Krell, Gertraude/Winter, Regine: Anforderungsabhängige Entgeltdifferenzierung, in: Chancengleichheit durch Personalpolitik, hrsg. von Krell, Gertraude, 2. Auflage, Gabler Verlag, Wiesbaden 1998.

Oechsler, Walter: Personal und Arbeit, Grundlagen des Human Resource Management und der Arbeitgeber-Arbeitnehmer Beziehungen, 7. Auflage, Oldenbourg Verlag, München 2000.

Olfert, Klaus/Steinbuch, Pitter A.: Personalwirtschaft, 9. aktualisierte und durchgesehene Auflage, Kiehl Verlag, Leipzig 2001.

Schanz, Günther: Personalwirtschaftslehre, 2. völlig neubearbeitete Auflage, Vahlen Verlag, München 1993.

Scholz, Christian: Personalmanagement, Informationsorientierte und verhaltenstheoretische Grundlagen, 4. verbesserte Auflage, Vahlen Verlag, München 1994.

Stopp, Udo: Betriebliche Personalwirtschaft, 25. Auflage, Expert Verlag, Stuttgart 2002.

Weber, Wolfgang/Mayrhofer, Wolfgang/Nienhüser; Werner: Taschenlexikon Personalwirtschaft, Schäffer-Poeschel Verlag, Stuttgart 1997.

Wöhe, Günther: Einführung in die Allgemeine Betriebswirtschaftslehre, 20. neubearbeitete Auflage, Vahlen Verlag, München 2001.

Zander, Ernst: Handbuch der Gehaltsfestsetzung, 5. Auflage, C.H. Beck Verlag, Heidelberg 1990.